essentials

essentials liefern aktuelles Wissen in konzentrierter Form. Die Essenz dessen, worauf es als „State-of-the-Art" in der gegenwärtigen Fachdiskussion oder in der Praxis ankommt. *essentials* informieren schnell, unkompliziert und verständlich

- als Einführung in ein aktuelles Thema aus Ihrem Fachgebiet
- als Einstieg in ein für Sie noch unbekanntes Themenfeld
- als Einblick, um zum Thema mitreden zu können

Die Bücher in elektronischer und gedruckter Form bringen das Expertenwissen von Springer-Fachautoren kompakt zur Darstellung. Sie sind besonders für die Nutzung als eBook auf Tablet-PCs, eBook-Readern und Smartphones geeignet. *essentials:* Wissensbausteine aus den Wirtschafts-, Sozial- und Geisteswissenschaften, aus Technik und Naturwissenschaften sowie aus Medizin, Psychologie und Gesundheitsberufen. Von renommierten Autoren aller Springer-Verlagsmarken.

Weitere Bände in dieser Reihe http://www.springer.com/series/13088

Dirk Lippold

Aspekte und Dimensionen der Personalfreisetzung

Prof. Dr. Dirk Lippold
Berlin, Deutschland

ISSN 2197-6708 ISSN 2197-6716 (electronic)
essentials
ISBN 978-3-658-16493-5 ISBN 978-3-658-16494-2 (eBook)
DOI 10.1007/978-3-658-16494-2

Die Deutsche Nationalbibliothek verzeichnet diese Publikation in der Deutschen Nationalbibliografie; detaillierte bibliografische Daten sind im Internet über http://dnb.d-nb.de abrufbar.

Springer Gabler
© Springer Fachmedien Wiesbaden GmbH 2017

Gedruckt auf säurefreiem und chlorfrei gebleichtem Papier

Springer Gabler ist Teil von Springer Nature
Die eingetragene Gesellschaft ist Springer Fachmedien Wiesbaden GmbH
Die Anschrift der Gesellschaft ist: Abraham-Lincoln-Str. 46, 65189 Wiesbaden, Germany

Vorwort

Personalfreisetzungsmaßnahmen sind immer ein tiefer Einschnitt für die betroffenen Mitarbeiter, aber auch für das Unternehmen. Gerade die Personalfreisetzung mit Personalabbau – also die sogenannten „harten" Maßnahmen – hat oftmals Konsequenzen, die von Existenzsorgen und Ängsten vor dem sozialen Abstieg bei den Mitarbeitern bis hin zum Imageverlust und finanziellen Folgekosten beim Unternehmen reichen. Allerdings sind die „harten" Personalfreisetzungsmaßnahmen grundsätzlich das letzte Mittel, das ergriffen werden sollte. Zuvor sind in jedem Fall die „sanften" Maßnahmen wie Versetzung, Arbeitszeitverkürzung oder Einstellungsbeschränkungen zu prüfen.

Der Beitrag liefert einen Überblick über alle relevanten Maßnahmen der Personalfreisetzung und befasst sich ausführlich mit der „richtigen" Behandlung des „letzten" Mittels, der Kündigung.

Die vorliegenden Ausführungen sind zu einem Großteil der 2. Aufl. meines Buches *„Die Personalmarketing-Gleichung. Einführung in das wert- und prozessorientierte Personalmanagement"* entnommen. Zur Unterstützung des Leseflusses wurde auf die Verwendung von Fußnoten verzichtet. Eine ausführliche Auflistung der verwendeten und weiterführenden Literatur ist im Anhang enthalten.

Berlin, Deutschland
im September 2016

Dirk Lippold

Inhaltsverzeichnis

Sachlich-systematische Grundlegung 1

Um auf dem Arbeitsmarkt erfolgreich zu bestehen, sind Unternehmen zum Umdenken gezwungen und dazu veranlasst, Ihre Personalprozesse neu zu gestalten und auszuweiten. Als praxiserprobtes Vorgehensmodell und Handlungsrahmen dient dazu die Personalmarketing-Gleichung, deren Grundidee auf zwei Denkansätzen beruht. Zum einen ist es die Darstellung und Analyse der Wertschöpfungs- und Prozessketten eines Unternehmens, zum anderen ist es die enge Analogie zur Marketing-Gleichung im (klassischen) Absatzmarketing (siehe hierzu ausführlich Lippold 2014).

1.1 Die personale Wertschöpfungskette

Generell sind es zwei Prozessphasen (= Aktionsbereiche), welche die Wertschöpfungskette des Personalmanagements bzw. des Personalmarketings bestimmen:

- die Phase (= Aktionsbereich) der *Personalbeschaffung* und
- die Phase (= Aktionsbereich) der *Personalbetreuung*.

Während die Personalbeschaffung auf die Mitarbeitergewinnung abzielt, ist die Personalbetreuung auf die Mitarbeiterbindung ausgerichtet. Um den Personalbeschaffungsprozess im Sinne einer Wertorientierung optimieren zu können, ist es sinnvoll, die Prozessphase **Personalbeschaffung** in ihre einzelnen Prozessschritte (= Aktionsfelder) zu zerlegen und diese jeweils einem zu optimierenden *Bewerberkriterium* als Prozessziel zuzuordnen:

- **Segmentierung** (des Arbeitsmarktes) zur Optimierung des *Bewerbernutzens*
- **Positionierung** (im Arbeitsmarkt) zur Optimierung des *Bewerbervorteils*

© Springer Fachmedien Wiesbaden GmbH 2017
D. Lippold, *Aspekte und Dimensionen der Personalfreisetzung,*
essentials, DOI 10.1007/978-3-658-16494-2_1

- **Signalisierung** (im Arbeitsmarkt) zur Optimierung der *Bewerberwahrnehmung*
- **Kommunikation** (mit dem Bewerber) zur Optimierung des *Bewerbervertrauens*
- **Personalauswahl, -integration und -einsatz** zur Optimierung der *Bewerberakzeptanz*.

Analog dazu wird die Prozessphase **Personalbetreuung** in ihre Prozessschritte (= Aktionsfelder) aufgeteilt und ebenfalls jeweils einem zu optimierenden *Bindungskriterium* zugeordnet:

- **Personalvergütung** zur Optimierung der *Gerechtigkeit* (gegenüber dem Mitarbeiter)
- **Personalführung** zur Optimierung der *Wertschätzung* (gegenüber dem Mitarbeiter)
- **Personalbeurteilung** zur Optimierung der *Fairness* (gegenüber dem Mitarbeiter)
- **Personalentwicklung** zur Optimierung der *Forderung und Förderung* (des Mitarbeiters)
- **Personalfreisetzung** zur Optimierung der Erleichterung (des Mitarbeiters).

1.2 Aufgabe und Ziel der Personalfreisetzung

Das letzte Aktionsfeld im Rahmen der Wertschöpfungskette *Personalbetreuung* ist die **Personalfreisetzung** (siehe Abb. 1.1). Ziel der Personalfreisetzung ist es, Überkapazitäten des Personalbestands zu vermeiden bzw. abzubauen. Auf diese Situation müssen Unternehmen mit einer erhöhten Flexibilität reagieren. Diese Flexibilität erstreckt sich auf den aktuellen Personalbestand, aber auch auf vorhandene Arbeitszeitstrukturen und Vergütungssysteme, auf die Personalqualifikation, auf die Personalorganisation und auf die Personalführung. Erst wenn sich personelle Überdeckungen nicht mithilfe innerbetrieblicher Maßnahmen beseitigen lassen, müssen Freisetzungen durch Beendigung bestehender Arbeitsverhältnisse in Betracht gezogen werden.

Die Förderung des freiwilligen Ausscheidens von Mitarbeitern kann sich – zumindest beim Einsatz *positiver* Förderung – als eine Lösung („Erleichterung") im Interesse der betroffenen Mitarbeiter und des Unternehmens erweisen. Daher geht es bei der Personalfreisetzung in erster Linie um die Optimierung der *Erleichterung*.

$$Erleichterung = f\,(Personalfreisetzung) \rightarrow optimieren!$$

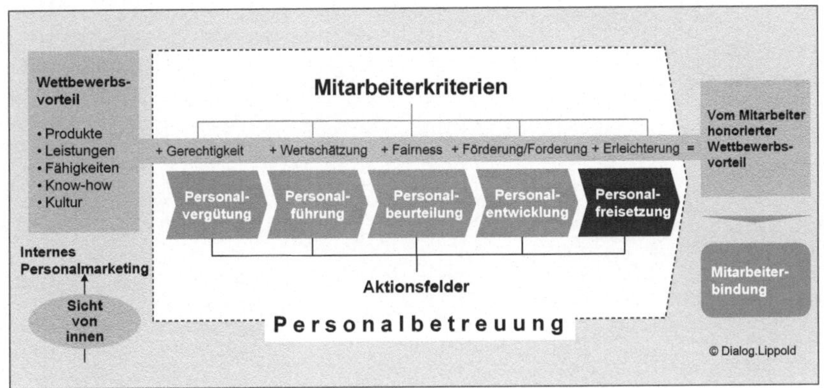

Abb. 1.1 Das Aktionsfeld „Personalfreisetzung"

Formal gesehen bedeuten Personalfreisetzungen den Abbau einer personellen Überdeckung in quantitativer, qualitativer, örtlicher und zeitlicher Hinsicht. Die Ausgangsinformation einer Personalfreisetzung ist ein negativer Saldo zwischen voraussichtlichem Personalbestand und dem Soll-Personalbestand (vgl. Springer und Sagirli 2006, S. 6).

Rahmenbedingungen der Personalfreisetzung

2

Die Freisetzung personeller Kapazitäten kann verschiedene Ursachen haben. Einige von ihnen lassen sich weitgehend vorhersagen und ermöglichen somit eine frühzeitige und antizipative Planung des Freisetzungsbedarfs. Im Rahmen einer solchen *antizipativen Personalfreisetzung* wird versucht, das Entstehen von Personalüberhängen frühzeitig zu prognostizieren und entsprechende Maßnahmen einzuleiten. So können vorübergehende oder vorhersehbare Absatz- und Produktionsrückgänge verstärkt für Aktivitäten im Bereich der Personalentwicklung sowie für Urlaub oder Betriebsferien genutzt werden. Andere Entwicklungen sind weitgehend unvorhersehbar wie z. B. konjunkturelle Einbrüche und erlauben nur eine *reaktive Planung der Personalfreisetzung* (vgl. Scholz 2011, S. 490).

Eine entsprechende Gegenüberstellung von weitgehend vorhersehbaren bzw. unvorhersehbaren Umständen liefert Abb. 2.1.

Nicht vorhersehbare Auswirkungen auf die Situation des Arbeitsmarktes hatte die Wirtschaftskrise 2009 auf nahezu alle Branchen und Unternehmen. Die flexible Handhabung der Arbeitszeiten führte nach Einschätzung des *Instituts für Arbeitsmarkt und Berufsforschung* dazu, dass 2009 aufgrund von Kurzarbeit und dem Abbau von Guthaben auf Arbeitszeitkonten rein rechnerisch 1,2 Mio. Beschäftigungsverhältnisse gesichert werden konnten (siehe dazu Abb. 2.2).

Ursachen für eine Freisetzung lassen sich also auf vorübergehende (z. B. konjunkturell oder saisonal bedingte Bedarfsschwankungen) oder auf dauerhafte Bedarfsrückgänge (z. B. bei Betriebsstilllegungen oder Geschäftsaufgabe) zurückführen.

Neben diesen unternehmens-, branchen- oder technologiebedingten Ursachen existieren grundsätzlich aber auch *mitarbeiterbezogene* Gründe der Personalfreisetzung. Diese Ursachen können im Verhalten oder in der Person (z. B. mangelnde Fähigkeiten) des Mitarbeiters begründet sein (vgl. Jung 2006, S. 315).

© Springer Fachmedien Wiesbaden GmbH 2017

D. Lippold, *Aspekte und Dimensionen der Personalfreisetzung,* essentials, DOI 10.1007/978-3-658-16494-2_2

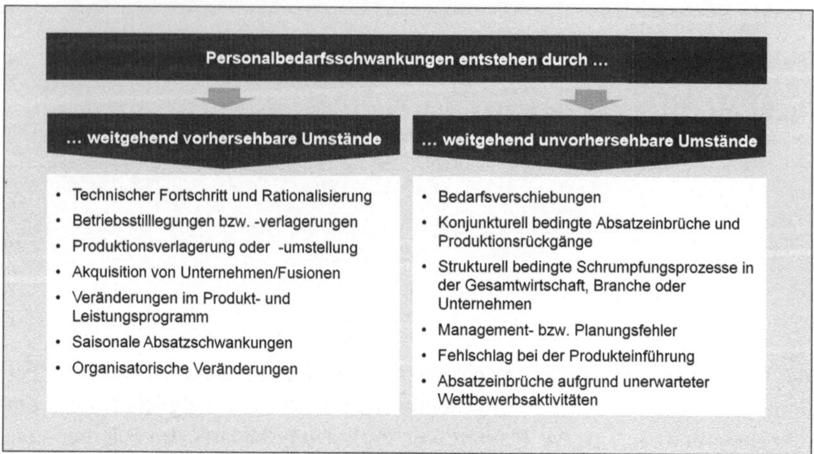

Abb. 2.1 Mögliche Ursachen der Personalfreisetzung. (Quelle: Stock-Homburg 2013, S. 282)

Flexible Arbeitszeiten begünstigen Wirtschaftswachstum

Flexible Arbeitszeiten haben im Jahr 2010 in erheblichem Maße dazu beigetragen, dass die deutsche Wirtschaft nach der Krise so schnell wieder hohe Wachstumsraten erreichen konnte. Das berichtet das Institut für Arbeitsmarkt- und Berufsforschung (IAB). Die durchschnittliche Jahresarbeitszeit der Arbeitnehmer nahm um 2,3 Prozent zu, etwa durch die Beendigung von Kurzarbeit, die Rückkehr zu betriebsüblichen Arbeitszeiten sowie den Aufbau von Guthaben auf Arbeitszeitkonten und mehr Überstunden.

Die Zahl der Kurzarbeiter nahm kräftig ab und lag im Jahresdurchschnitt 2010 bei einer halben Million. Je Kurzarbeiter fiel knapp 40 Prozent der normalen Arbeitszeit aus. Auf alle Arbeitnehmer umgerechnet waren es jährlich 7,4 Arbeitsstunden, nach 15,2 Stunden im Jahr 2009. Der Stand auf den Arbeitszeitkonten ist im Jahresverlauf 2010 um 3.7 Stunden je Arbeitnehmer angestiegen. Zugenommen hat auch die bezahlte Mehrarbeit. Je Arbeitnehmer wurden fünf bezahlte Überstunden mehr geleistet als im Jahr 2009. Die Rückgänge bei den Überstunden und den Guthaben auf den Arbeitszeitkonten im Krisenjahr 2009 wurden damit aber erst zu einem Drittel aufgeholt.

Abb. 2.2 „Flexible Arbeitszeiten begünstigen Wirtschaftswachstum". (Presseinformation des Instituts für Arbeitsmarkt- und Berufsforschung [IAB] vom 02.02.2010)

Notwendige Maßnahmen der Personalfreisetzung sind in jedem Fall möglichst frühzeitig einzuleiten. Nur so lässt sich eine bestmögliche Anpassung der bestehenden Arbeitsverhältnisse an die veränderten Rahmenbedingungen erreichen. Auf einschneidende Maßnahmen sollte dabei möglichst verzichtet werden.

Kann allerdings auf schwerwiegende Einschnitte nicht verzichtet werden, ist auf die sozialverträgliche Ausgestaltung der Freisetzung zu achten, sodass negative Folgen für den betroffenen Arbeitnehmer gemildert werden können. Eine frühzeitige Information der betroffenen Mitarbeiter und des Betriebsrats ist gemäß § 102 BetrVG obligatorisch. Eine ohne Anhörung des Betriebsrats ausgesprochene Kündigung ist unwirksam (vgl. Scholz 2011, S. 496).

Personalfreisetzung ist nicht in jedem Fall gleichzusetzen mit einer Kündigung; sie besagt lediglich, dass ein weiterer Verbleib des Stelleninhabers auf seiner jetzigen Position auszuschließen ist. So sind Personalfreisetzungen auch über die Änderung bestehender Arbeitsrechtsverhältnisse realisierbar. Man kann somit zwischen einer Personalfreisetzung *mit* und *ohne* Personalabbau unterscheiden. Eine Freisetzungsmaßnahme mit Personalabbau ist z. B. die Entlassung von Mitarbeitern. Der Abbau von Überstunden oder die Einführung der Kurzarbeit stellt dagegen eine Maßnahme ohne Bestandsreduktion dar (siehe Abb. 2.3).

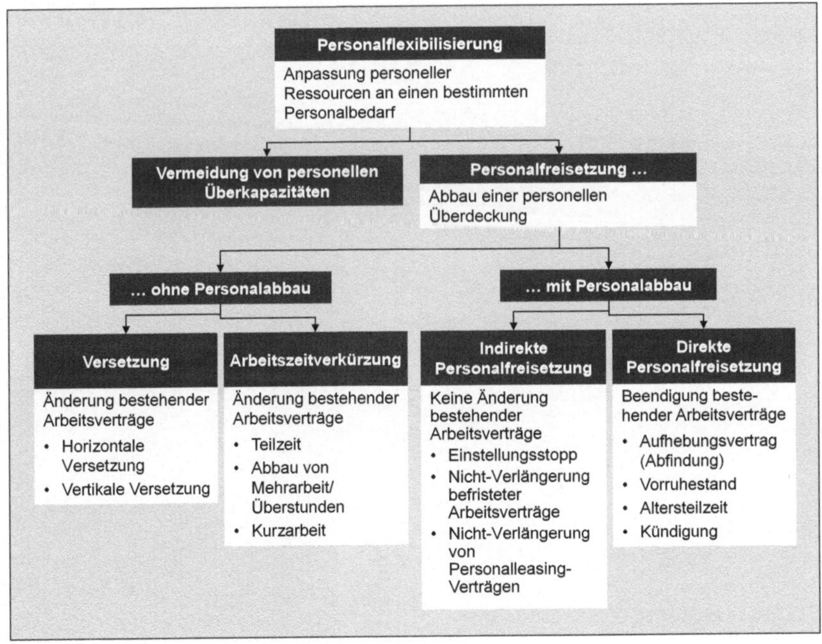

Abb. 2.3 Maßnahmen zur Personalfreisetzung. (Quelle: Stock-Homburg 2013, S. 290)

Personalfreisetzung ohne Personalabbau 3

Die beiden zentralen Maßnahmengruppen zur Personalfreisetzung ohne Personalabbau sind

- die *Versetzung* sowie
- die Maßnahmen zur *Arbeitszeitverkürzung.*

3.1 Versetzung

Versetzungen innerhalb eines Unternehmens stellen für die aufnehmende Organisationseinheit einen Personalbeschaffungsvorgang und für die abgebende Einheit eine Freisetzung dar. Versetzungen sind zumeist mit Personalentwicklungsmaßnahmen verbunden, die darauf abzielen, Mitarbeiter für andere gleichwertige oder höherwertige Tätigkeiten zu befähigen. Bei Tätigkeiten auf derselben Hierarchieebene handelt es sich um **horizontale Versetzungen,** bei höher- oder minderwertigen Tätigkeiten um **vertikale Versetzungen,** die mit einem hierarchischen Auf- oder Abstieg verbunden sind (vgl. Stock-Homburg 2013, S. 291 unter Bezugnahme auf Hentze und Graf 2005, S. 379).

Im Gegensatz zur (Beendigungs-)Kündigung spricht man bei einer Versetzung von einer **Änderungskündigung,** da der Arbeitgeber mit der Kündigung ein Vertragsangebot verbindet, das Arbeitsverhältnis zu geänderten Bedingungen fortzusetzen. Eine Änderungskündigung hat stets Vorrang vor einer (Beendigungs-)Kündigung. Verfügt der Arbeitgeber über eine zumutbare Beschäftigungsmöglichkeit, so kann er eine Änderungskündigung aussprechen. Der Betriebsrat muss in jedem Fall in Kenntnis gesetzt werden und wegen der Kündigung (§ 102 BetrVG) und Neueinstellung (§ 99 BetrVG) sein Einverständnis erklären. Ob

© Springer Fachmedien Wiesbaden GmbH 2017
D. Lippold, *Aspekte und Dimensionen der Personalfreisetzung,*
essentials, DOI 10.1007/978-3-658-16494-2_3

dem Arbeitnehmer die neue Tätigkeit zuzumuten ist, hängt davon ab, wie stark sich die neue und die bisherige Beschäftigung nach ihren Anforderungen und Arbeitsbedingungen unterscheiden. Dabei kommt es vor allem auf die geforderte Qualifikation, die Höhe der Vergütung, die Stellung im Betrieb und das gesellschaftliche Ansehen der Tätigkeiten an. Ist der Arbeitnehmer mit der Änderungskündigung nicht einverstanden, will aber sein bisheriges Arbeitsverhältnis behalten, muss er innerhalb der Kündigungsfrist seinen Vorbehalt erklären und beim Arbeitsgericht Klage erheben (vgl. Springer und Sagirli 2006, S. 13).

3.2   Arbeitszeitverkürzung

Zu den Maßnahmen der Arbeitszeitverkürzung zählen

- Teilzeitarbeit,
- Jobsharing,
- Abrufarbeit,
- Abbau von Mehrarbeit,
- Zeitwertkonten und
- Kurzarbeit.

Die Umwandlung von Vollzeit- in **Teilzeitarbeit** ist – ebenso wie die Versetzung – eine Möglichkeit der Personalfreisetzung ohne direkten Personalabbau. Arbeitnehmer gelten als teilzeitbeschäftigt, wenn ihre regelmäßige Arbeitszeit kürzer ist als die regelmäßige Arbeitszeit vergleichbarer vollzeitbeschäftigter Personen im Unternehmen (§ 2 BeschFG). Das Kündigungsschutzgesetz ebenso wie die Entgeltfortzahlung im Krankheitsfall gilt für Teilzeitarbeitnehmer wie für Vollzeitbeschäftigte gleichermaßen.

Wie Abb. 3.1 zeigt, sind familiäre Verpflichtungen der Hauptgrund für eine Teilzeittätigkeit. Darüber hinaus bekommt die Teilzeitbeschäftigung wegen der Diskussion über die *Frauenquote* eine neue Qualität. Für Frauen, die in Führungspositionen drängen, muss die Balance zwischen Beruf und Privatleben (Kindererziehung) verbessert werden. Hier bietet die Teilzeit häufig die einzige Möglichkeit.

Teilzeitarbeit ist ein Mittel für Arbeitgeber, schnell auf unterschiedliche Arbeitsaufkommen zu reagieren. Mit diesen Schwankungen richtig umzugehen, wird immer häufiger zu einer wettbewerbsentscheidenden Frage. Zudem ermöglicht Teilzeitarbeit vielen Arbeitnehmerinnen und Arbeitnehmern, mehr Zeit in

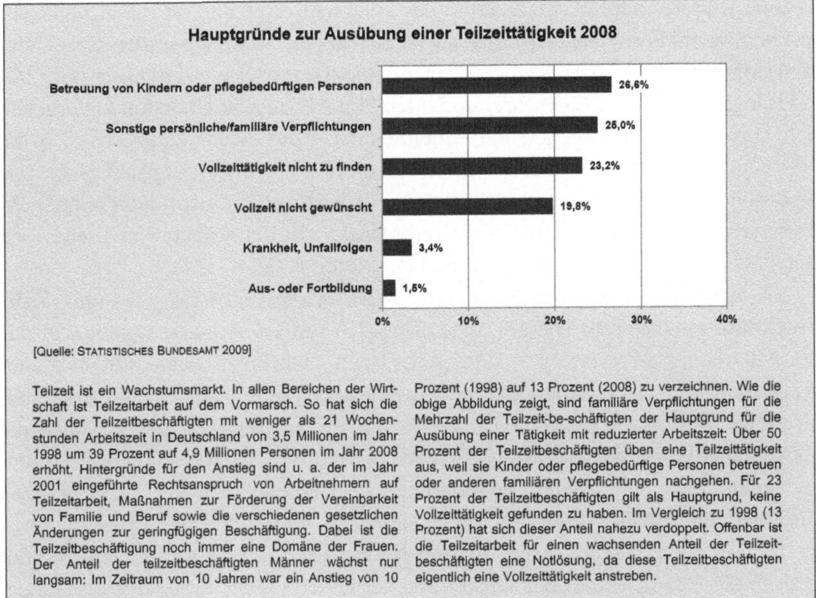

[Quelle: STATISTISCHES BUNDESAMT 2009]

Teilzeit ist ein Wachstumsmarkt. In allen Bereichen der Wirtschaft ist Teilzeitarbeit auf dem Vormarsch. So hat sich die Zahl der Teilzeitbeschäftigten mit weniger als 21 Wochenstunden Arbeitszeit in Deutschland von 3,5 Millionen im Jahr 1998 um 39 Prozent auf 4,9 Millionen Personen im Jahr 2008 erhöht. Hintergründe für den Anstieg sind u. a. der im Jahr 2001 eingeführte Rechtsanspruch von Arbeitnehmern auf Teilzeitarbeit, Maßnahmen zur Förderung der Vereinbarkeit von Familie und Beruf sowie die verschiedenen gesetzlichen Änderungen zur geringfügigen Beschäftigung. Dabei ist die Teilzeitbeschäftigung noch immer eine Domäne der Frauen. Der Anteil der teilzeitbeschäftigten Männer wächst nur langsam: Im Zeitraum von 10 Jahren war ein Anstieg von 10 Prozent (1998) auf 13 Prozent (2008) zu verzeichnen. Wie die obige Abbildung zeigt, sind familiäre Verpflichtungen für die Mehrzahl der Teilzeit-be-schäftigten der Hauptgrund für die Ausübung einer Tätigkeit mit reduzierter Arbeitszeit: Über 50 Prozent der Teilzeitbeschäftigten üben eine Teilzeittätigkeit aus, weil sie Kinder oder pflegebedürftige Personen betreuen oder anderen familiären Verpflichtungen nachgehen. Für 23 Prozent der Teilzeitbeschäftigten gilt als Hauptgrund, keine Vollzeittätigkeit gefunden zu haben. Im Vergleich zu 1998 (13 Prozent) hat sich dieser Anteil nahezu verdoppelt. Offenbar ist die Teilzeitarbeit für einen wachsenden Anteil der Teilzeitbeschäftigten eine Notlösung, da diese Teilzeitbeschäftigten eigentlich eine Vollzeittätigkeit anstreben.

Abb. 3.1 Gründe zur Ausübung einer Teilzeittätigkeit

der Familie, mit Freunden, Hobbys, ehrenamtlichen Tätigkeiten und sozialem Engagement zu verbringen.

Die Verkürzung der täglichen Arbeitszeit ist die traditionelle und bisher immer noch am meisten praktizierte Form der Teilzeitarbeit. Bei dem aus den USA stammenden **Jobsharing** wird Teilzeitarbeit geschaffen, indem sich zwei oder mehrere Arbeitnehmer einen Vollzeitarbeitsplatz teilen. Von der klassischen Form der Teilzeitarbeit unterscheidet sich Jobsharing dadurch, dass der Arbeitnehmer innerhalb bestimmter Grenzen über seinen Tagesablauf frei verfügen kann. So sind feste Einsatzzeiten lediglich für das Job Sharing-Team als Ganzes vorgegeben (vgl. Bisani 1995, S. 39).

Bei **Abrufarbeit,** auch als kapazitätsorientierte variable Arbeitszeit (KAPO-VAZ) bezeichnet, vereinbart das Unternehmen ein bestimmtes Kontingent an Stunden, das vom Arbeitnehmer über einen längeren Zeitraum (Monat oder Jahr) flexibel abzuleisten ist. Damit besteht die Möglichkeit, den Personalbestand flexibel an die betrieblichen Erfordernisse anzupassen (vgl. Springer und Sagirli 2006, S. 6).

Eine weitere „sanfte" Maßnahme der Personalfreisetzung ist die Arbeitszeitverkürzung in Form des **Abbaus von Mehrarbeit bzw. Überstunden.** Unter Mehrarbeit wird die Arbeitszeit verstanden, die die im Arbeitszeitgesetz (ArbZG) festgelegte Arbeitszeit überschreitet. Durch den Abbau von Überstunden ergeben sich Vorteile für Arbeitgeber und Arbeitnehmer. Zum einen reduzieren sich die Personalkosten und zum anderen dürften sich die Fehlzeiten aufgrund eines verbesserten Gesundheitszustandes der von den Überstunden betroffenen Arbeitnehmern verringern. Unter dem Freisetzungsaspekt gilt der Abbau von Mehrarbeit daher als Rückkehr zum Normalzustand (vgl. Jung 2006, S. 321).

Als besonders attraktive Form der *Arbeitszeitflexibilisierung* ist das **Zeitwertkonto** einzustufen. Hierbei handelt es sich um ein Arbeitszeitkonto, in das der Mitarbeiter Arbeitsentgelt oder Arbeitszeit einbringen kann, um es damit beispielsweise zur Verlängerung des Erziehungsurlaubs, für eine Fortbildung, für einen vorzeitigen Ruhestand oder für die Teilzeitarbeit zu nutzen. Auch die Umwandlung des Wertguthabens in eine betriebliche Altersversorgung kommt bei einer entsprechenden Vereinbarung in Betracht. Einer repräsentativen Umfrage aus dem Jahr 2008 zur Folge gaben 12 % aller befragten Unternehmen (n = 1710) an, Langzeitkonten für ihre Mitarbeiter zu führen (vgl. Hildebrandt et al. 2009, S. 54). Durch das Gesetz zur Verbesserung der Rahmenbedingungen für die Absicherung flexibler Arbeitszeitregelungen („Flexi II"), das am 1. Januar 2009 in Kraft getreten ist, haben Zeitwertkonten weiter an Attraktivität und Verbreitung gewonnen. Nicht nur der Arbeitnehmer sondern auch der Arbeitgeber profitiert von einer flexibleren Ausgestaltung der Arbeitszeiten über einen längeren Zeitraum hinweg. Betriebsbedingte Kündigungen und die damit einhergehenden Kosten für Abfindungen und Sozialpläne lassen sich so leichter vermeiden (siehe auch Kümmerle et al. 2006, S. 1 f.).

Bei **Kurzarbeit** wird die betriebsübliche Arbeitszeit ebenfalls vorübergehend reduziert. Sie stellt somit eine Abkehr vom Normalzustand dar und führt zu einer Verringerung der Personalkosten einerseits und zu unfreiwilligen Verdiensteinbußen der Beschäftigten andererseits. Eine Reduktion des Mitarbeiterbestandes findet dagegen nicht statt.

Kurzarbeit ist eine Freisetzungsmaßnahme, bei der zahlreiche rechtliche Grundlagen zu beachten sind und die durch das Arbeitsförderungsgesetz (AFG) geregelt wird. Neben rechtlichen Voraussetzungen bedarf es zur Einführung von Kurzarbeit der Mitbestimmung des Betriebsrats (§ 87 BetrVG). Um den betroffenen Mitarbeitern ihre Arbeitsplätze zu erhalten, wird der Einkommensausfall der Arbeitnehmer gemäß $ 63 AFG in Form von *Kurzarbeitergeld* teilweise (von der Bundesagentur für Arbeit) ausgeglichen (vgl. Stock-Homburg 2013, S. 293).

Personalfreisetzung mit Personalabbau 4

Lässt sich eine Personalbestandsreduktion nicht vermeiden, so hat der Arbeitgeber prinzipiell die Wahl zwischen indirekten und direkten Personalfreisetzungsmaßnahmen. Die indirekte Freisetzung zielt auf einen Personalabbau ab, ohne dass bisherige Arbeitsverhältnisse davon berührt werden. Die direkte Personalfreisetzung ist dagegen immer mit einer Beendigung bestehender Arbeitsverhältnisse verbunden.

4.1 Indirekte Personalfreisetzung

Zu den Maßnahmen der indirekten Personalfreisetzung, bei denen es sich um eine Personalflexibilisierung durch Umgehung der Arbeitgeberverantwortung handelt, zählen

- Einstellungsbeschränkungen,
- Nichtverlängerung befristeter Arbeitsverträge sowie
- Nichtverlängerung von Personalleasing-Verträgen.

Kann ein Unternehmen trotz des Einsatzes arbeitsverkürzender Maßnahmen (siehe 3.5.3) seine Arbeitnehmer im bestehenden, zahlenmäßigen Umfang nicht halten, so bietet es sich an, die natürliche Fluktuation durch **Einstellungsbeschränkungen** zu nutzen. Einstellungsbeschränkungen können einen generellen Einstellungsstopp, einen qualifizierten Einstellungsstopp (Begrenzung auf bestimmte Berufe, Mitarbeitergruppen, Betriebsteile) oder einen modifizierten Einstellungsstopp (besonders intensive Prüfung der Einstellung neuer Mitarbeiter) bedeuten (vgl. Stock-Homburg 2013, S. 302).

© Springer Fachmedien Wiesbaden GmbH 2017
D. Lippold, *Aspekte und Dimensionen der Personalfreisetzung,*
essentials, DOI 10.1007/978-3-658-16494-2_4

Einstellungsbeschränkungen werden i. d. R. befristet angesetzt, da ansonsten negative Auswirkungen zu erwarten sind. So besteht die Gefahr des Imageverlustes als Arbeitgeber, der Verschlechterung der Alters- und Qualifikationsstruktur sowie einer allgemeinen Verunsicherung bei den Mitarbeitern, die dazu führen kann, dass qualifizierte Mitarbeiter einen Unternehmenswechsel anstreben und weniger qualifizierte Mitarbeiter im Unternehmen verbleiben (vgl. Jung 2006, S. 324).

Eine weitere indirekte Maßnahme der Personalfreisetzung ist die **Nichtverlängerung befristeter Arbeitsverträge.** Sie stellt ebenfalls eine Möglichkeit dar, die Flexibilität im Personalbereich zu erhöhen. Befristete Arbeitsverhältnisse räumen dem Arbeitgeber grundsätzlich Flexibilitätsspielräume ein. Beide Vertragsparteien vereinbaren, dass das Arbeitsverhältnis nach einer bestimmten Zeit automatisch endet, ohne dass es einer Kündigung bedarf. Innerhalb der Befristung sind Kündigungen von beiden Seiten nur bei schwerwiegenden Gründen möglich. Ein befristetes Arbeitsverhältnis bedarf eines sachlich gerechtfertigten Grundes. Es kann zwischen einer Zeit- und einer Zweckbefristung unterschieden werden. Eine Zeitbefristung liegt vor, wenn die Dauer des Arbeitsverhältnisses auf einen begrenzten Zeitraum beschränkt ist (z. B. Zeitarbeitsvertrag für Saisonarbeit im Gaststättengewerbe). Bei einer Zweckbefristung ergibt sich die Dauer des Arbeitsverhältnisses aus der Erfüllung einer Arbeitsleistung (z. B. zweckbestimmter Arbeitsvertrag für die Dauer eines IT-Umstellungsprojektes) (§ 15 Abs. 2 Teilzeit- und Befristungsgesetz – TzBfG). Generell können befristete Verträge bis zu einer Dauer von zwei Jahren geschlossen werden. Bis zu dieser Gesamtdauer ist auch die höchstens dreimalige Verlängerung eines befristeten Arbeitsvertrags zulässig (vgl. Springer und Sagirli 2006, S. 39).

Die befristete Beschäftigung ist nicht über alle Personen- und Berufsgruppen gleichmäßig verteilt. Abb. 4.1 liefert einen Überblick über Befristungsquoten in ausgewählten Berufen.

Eine weitere Maßnahme der indirekten Personalfreisetzung ist die **Nichtverlängerung von Personalleasing-Verträgen.** Beim Personalleasing stellt der Leasing-Geber Leiharbeitnehmer („Leiharbeiter") – unter Aufrechterhaltung eines geschlossenen Arbeitsvertrages – einem Dritten (Leasing-Nehmer) zur Verfügung (§ 1 Arbeitnehmerüberlassungsgesetz AÜG). Der Leasing-Geber erhält für die zeitlich befristete Bereitstellung von Leiharbeitnehmern eine entsprechende Vergütung vom Leasing-Nehmer. Der Leasing-Geber übernimmt als Arbeitgeber sämtliche Arbeitgeberpflichten, insbesondere übernimmt er die Vergütung und den Arbeitgeberanteil an der Sozialversicherung. Der Leasing-Nehmer schließt mit dem Leasing-Geber einen Arbeitnehmerüberlassungsvertrag. Mit diesem Vertrag erhält der Leasing-Nehmer ein Weisungsrecht gegenüber dem Leiharbeitneh-

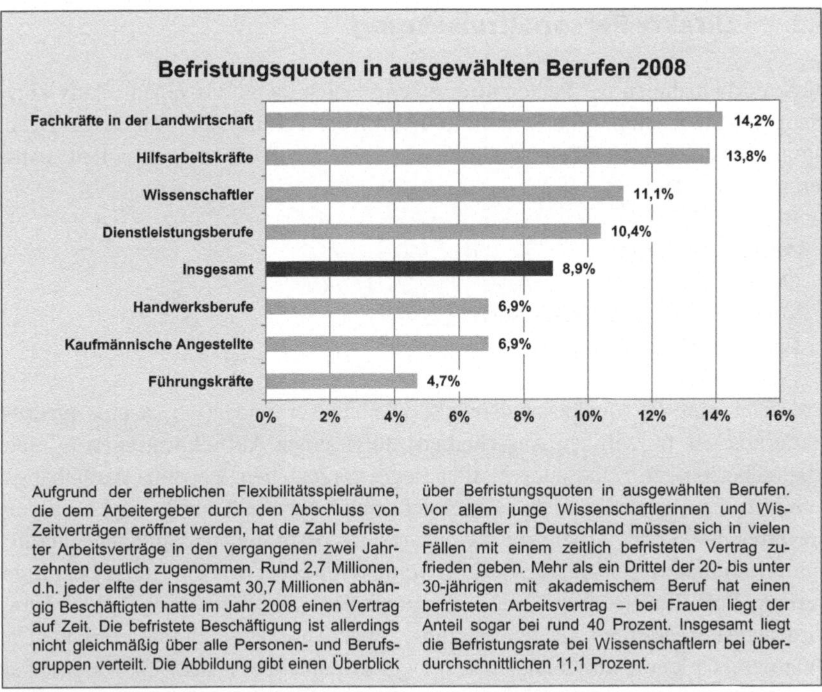

Aufgrund der erheblichen Flexibilitätsspielräume, die dem Arbeitergeber durch den Abschluss von Zeitverträgen eröffnet werden, hat die Zahl befristeter Arbeitsverträge in den vergangenen zwei Jahrzehnten deutlich zugenommen. Rund 2,7 Millionen, d.h. jeder elfte der insgesamt 30,7 Millionen abhängig Beschäftigten hatte im Jahr 2008 einen Vertrag auf Zeit. Die befristete Beschäftigung ist allerdings nicht gleichmäßig über alle Personen- und Berufsgruppen verteilt. Die Abbildung gibt einen Überblick über Befristungsquoten in ausgewählten Berufen. Vor allem junge Wissenschaftlerinnen und Wissenschaftler in Deutschland müssen sich in vielen Fällen mit einem zeitlich befristeten Vertrag zufrieden geben. Mehr als ein Drittel der 20- bis unter 30-jährigen mit akademischem Beruf hat einen befristeten Arbeitsvertrag – bei Frauen liegt der Anteil sogar bei rund 40 Prozent. Insgesamt liegt die Befristungsrate bei Wissenschaftlern bei überdurchschnittlichen 11,1 Prozent.

Abb. 4.1 Befristete Arbeitsverträge. (Quelle: Statistisches Bundesamt 2010)

mer. Gleichzeitig meldet der Leasing-Nehmer Beginn und Ende der Leiharbeit bei der Krankenkasse des Leiharbeitnehmers an. Im Arbeitnehmerüberlassungsvertrag und im Arbeitsvertrag des Leiharbeitnehmers sind die zu erfüllenden Arbeitsaufgaben und die zulässigen Einsatzorte anzugeben. Für den Leasing-Nehmer ist die Kündigung oder die Nichtverlängerung eines Leasingvertrages eine relativ problemlose Freisetzungsmaßnahme. Für den Leiharbeitnehmer bedeutet diese Maßnahme keine Entlassung, da er mit dem Leasing-Geber einen Arbeitsvertrag abgeschlossen hat (vgl. Stock-Homburg 2013, S. 302 f.).

Im Juni 2010 gab es in Deutschland 16.100 Personalleasing-Unternehmen mit insgesamt 806.100 Leiharbeitnehmern unter Vertrag. Damit entfallen auf eine Leiharbeitsfirma durchschnittlich 50 Leiharbeiter (Quelle: Bundesagentur für Arbeit 2010).

4.2   Direkte Personalfreisetzung

Direkte Maßnahmen der Personalfreisetzung zielen darauf ab, einen relativ kurz-
fristigen Personalabbau herbeizuführen. Im Vordergrund steht dabei die Beendigung bestehender Arbeitsverhältnisse. Folgende Maßnahmen sollen näher
betrachtet werden:

- Aufhebungsvertrag,
- Outplacement,
- Vorruhestand/Altersteilzeit sowie
- Entlassung/Kündigung.

Lässt sich eine Personalbestandsreduktion nicht vermeiden, so ist eine positive
Förderung des freiwilligen Ausscheidens durch einen **Aufhebungsvertrag** einer
arbeitgeberseitigen Kündigung in aller Regel vorzuziehen. Bei einer Aufhebungsvereinbarung verständigen sich Arbeitgeber und Arbeitnehmer in gegenseitigem
Einvernehmen, den Arbeitsvertrag zu einem bestimmten Zeitpunkt aufzulö-
sen. Die Initiative geht hierbei i. d. R. vom Arbeitgeber aus und muss begründet
werden. Das Einverständnis eines Arbeitnehmers zu einem Aufhebungsvertrag
wird in der Regel über die Vereinbarung einer Abfindungssumme erreicht. Das
Unternehmen kann Aufhebungsverträge gezielt anbieten, sodass die Möglichkeit
besteht, die Alters- und Qualifikationsstruktur zu lenken und zu verbessern (vgl.
Jung 2006, S. 326).

Die Höhe der **Abfindung,** die der Arbeitnehmer als Ausgleich für den Verzicht
auf seine Rechte üblicherweise erhält, richtet sich im Allgemeinen nach dem bisherigen Einkommen des Arbeitnehmers, der Dauer seiner Betriebszugehörigkeit und
seinem Lebensalter. Eine Aufhebungsvereinbarung hat gegenüber einer ordentli-
chen Kündigung (fast) nur Vorteile für beide Seiten. Zu den Vorteilen der Aufhebungsvereinbarung für das Unternehmen gehören (vgl. Bartscher et al. S. 325):

- Das zeitliche Wirksamwerden der Freistellung ist exakt planbar.
- Aufwendige Arbeitsrechtsprozesse zur Rechtmäßigkeit einer Kündigung ent-
  fallen.
- Aufhebungsverträge lassen sich auf bestimmte Mitarbeiter(-gruppen) beschränken.
- Das Image des Arbeitgebers wird nicht so stark in Mitleidenschaft gezogen.

Im Rahmen der Aufhebungsvereinbarung kann auch ein **Outplacement** vereinbart werden, das zusätzliche Leistungen wie Beratung und Hilfe bei der Suche
nach einer neuen Stelle beinhaltet. Outplacement, das im angloamerikanischen

Raum bereits seit Ende der 60er Jahre praktiziert wird, findet in Deutschland erst seit einigen Jahren zunehmende Verbreitung. Häufig wird ein Beratungsunternehmen mit der Betreuung der direkt betroffenen Arbeitnehmer beauftragt. Der Schwerpunkt des Outplacement-Prozesses liegt auf der beruflichen Neuorientierung und Weiterentwicklung des betroffenen Mitarbeiters. Die Beratung kann auf einen Arbeitnehmer beschränkt sein, sie kann aber auch für mehrere Personen erfolgen. Ein Gruppen-Outplacement bietet die Möglichkeit, eine qualifizierte Trennungsberatung zu einem relativ günstigen Preis für einen größeren Adressatenkreis nutzbar zu machen. Ein individuelles Outplacement wird i. d. R. bei Führungskräften bevorzugt. Das Outplacement bringt aber auch einige wesentliche Vorteile für das Unternehmen mit sich. So können zeit- und kostenaufwendige Arbeitsgerichtsprozesse ebenso vermieden werden wie ein etwaiger Imageverlust des Unternehmens in der Öffentlichkeit. Auch unterbleiben beim Outplacement zumeist negative Auswirkungen auf die verbleibenden Mitarbeiter (vgl. Stock-Homburg 2013, S. 296 f.).

Der **Vorruhestand** bzw. die vorgezogene Pensionierung soll älteren Arbeitnehmern das vorzeitige Ausscheiden aus dem Erwerbsleben ermöglichen und damit Arbeitsplätze für junge Arbeitnehmer freimachen. Neben dem Abbau von Überkapazitäten kann somit auch eine Herabsetzung des Durchschnittsalters erreicht werden. Der Vorruhestand ist für die Betroffenen nur dann von Interesse, wenn für sie dadurch keine wesentlichen materiellen Nachteile erwachsen. Vor diesem Hintergrund setzen Unternehmen Anreize in Form von Abfindungen bzw. betrieblicher Altersvorsorge (vgl. Jung 2006, S. 326; Stock-Homburg 2013, S. 296).

Eine besonders bevorzugte Form des „sanften" Vorruhestands ist die **Altersteilzeit,** die sowohl für Arbeitnehmer als auch Arbeitgeber eine ganze Reihe von (primär steuerlichen) Vorteilen beinhaltet. Die Altersteilzeit, deren Durchführung im Altersteilzeitgesetz (AltTZG) geregelt wird, soll Beschäftigten, die mindestens das 55. Lebensjahr vollendet haben, einen gleitenden Übergang vom Erwerbsleben in den Ruhestand ermöglichen. Mit dieser Regelung ist gleichzeitig eine neue Beschäftigungsmöglichkeit für Arbeitslose verbunden, die für den frei werdenden Arbeitsplatz eingesetzt werden. Das Modell der Altersteilzeit sieht vor, dass die bisherige Arbeitszeit des Arbeitnehmers halbiert wird. Wie dann die Arbeitszeit während der Altersteilzeit verteilt wird, können Arbeitnehmer und Arbeitgeber frei vereinbaren. Grundsätzlich werden zwei Modelle praktiziert: Das Gleichverteilungsmodell sieht eine schrittweise Reduktion der Arbeitszeit vor (z. B. erstes Jahr 100 % Arbeitszeit, zweites Jahr 80 %, drittes Jahr 60 % usw.). Bei der neueren und heute fast ausschließlich genutzten Form des Block-Modells werden zwei gleich lange Zeitblöcke gebildet: eine Vollarbeitszeitphase und eine anschließende Freistellungsphase. Während der gesamten Altersteilzeit zahlt der Arbeitgeber 50 % des bisherigen Gehalts plus gesetzlich geregelte Aufstockungsbeträge, unabhängig davon, wie die Arbeitszeit verteilt wird (siehe Abb. 4.2).

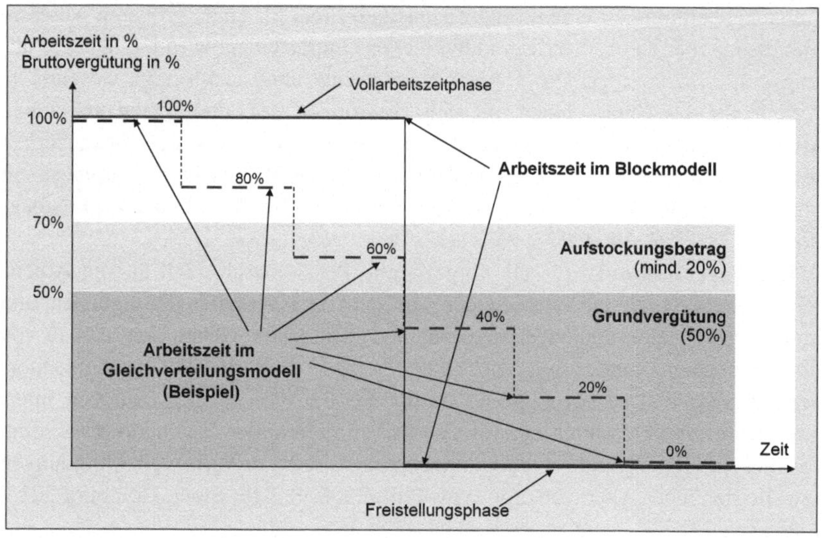

Abb. 4.2 Gegenüberstellung von Gleichverteilungs- und Blockmodell in der Altersteilzeit

Die Kündigung 5

Lässt sich eine Aufhebungsvereinbarung nicht ermöglichen, so ist die **Kündigung** der letzte in Betracht kommende Weg zum Personalabbau. Die Kündigung stellt die bedeutsamste Art der Beendigung von Arbeitsverhältnissen dar. Bestehende Arbeitsrechtsverhältnisse sind in Deutschland durch Vorschriften in verschiedenen Gesetzen sowie durch Tarifverträge und Betriebsvereinbarungen geschützt. Bei Personalfreisetzungen durch Aufhebung des Arbeitsverhältnisses sind besonders das Kündigungsschutzgesetz (KSchG) und Teile des Betriebsverfassungsgesetzes (BetrVG) von Bedeutung. Grundsätzlich ist eine Entlassung von Arbeitnehmern, die mindestens seit sechs Monaten im Unternehmen beschäftigt sind, nur dann möglich, wenn gewichtige Gründe in der Person bzw. im Verhalten des Arbeitnehmers vorliegen oder wenn dringende betriebliche Erfordernisse einer Weiterbeschäftigung entgegenstehen (vgl. Springer und Sagirli 2006, S. 23).

Vor jeder Kündigung ist der Betriebsrat schriftlich über die Gründe der Kündigung zu unterrichten. Ohne Anhörung des Betriebsrates sind ausgesprochene Kündigungen unwirksam (§ 102 BetrVG). Der Betriebsrat kann der Kündigung innerhalb einer Woche widersprechen, wenn soziale Gesichtspunkte nicht ausreichend berücksichtigt wurden (§ 1 KSchG) oder ein Verstoß gegen betriebliche Auswahlrichtlinien (§ 95 BetrVG) vorliegt. Eine Kündigung ist aber trotz Widerspruch des Betriebsrats möglich. Der Arbeitnehmer hat in diesem Falle die Möglichkeit, eine *Kündigungsschutzklage* (§ 4 KSchG) vor dem Arbeitsgericht einzureichen. Bis zu einer rechtskräftigen Entscheidung kann er in der Regel seine Weiterbeschäftigung erwirken (§ 102 BetrVG). Eine Kündigung kann sowohl *ordentlich* als auch *außerordentlich* erfolgen (siehe Abb. 5.1). Beide Formen der Kündigung müssen dem Vertragspartner schriftlich zugehen (vgl. Stock-Homburg 2013, S. 300 f.).

Die **außerordentliche (fristlose) Kündigung,** die nur bei schweren Verstößen im Vertrauensbereich ausgesprochen werden kann, ist mit sofortiger Wirkung zulässig, wenn eine Fortsetzung des bestehenden Arbeitsverhältnisses aufgrund

© Springer Fachmedien Wiesbaden GmbH 2017
D. Lippold, *Aspekte und Dimensionen der Personalfreisetzung,*
essentials, DOI 10.1007/978-3-658-16494-2_5

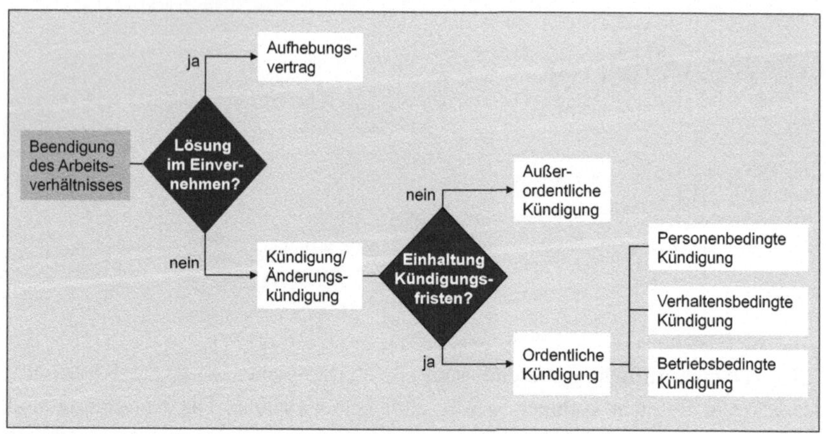

Abb. 5.1   Ablaufstruktur bei der Beendigung des Arbeitsverhältnisses

eines schwerwiegenden Grundes unzumutbar ist. Wichtige Gründe für den Arbeitgeber können sein: Anstellungsbetrug, dauerhafte Arbeitsunfähigkeit, beharrliche Arbeitsverweigerung, grobe Verletzung der Treuepflicht sowie Verstöße gegen das Wettbewerbsverbot. Aus Sicht des Arbeitnehmers können folgende Gründe zu einer außerordentlichen Kündigung führen: Nichtzahlung der Vergütung durch den Arbeitgeber, dauerhafte Arbeitsunfähigkeit sowie Tätlichkeit oder erheblicher Ehrverlust (vgl. Jung 2006, S. 337).

Eine **ordentliche Kündigung** bedarf zu ihrer Wirksamkeit keines sachlichen Grundes, wenn sie durch den Arbeitnehmer ausgesprochen wird. Dagegen bedarf es bei der Kündigung durch den Arbeitgeber eines Grundes, der sozial gerechtfertigt ist. Grundsätzlich ist bei folgenden, als besonders schutzbedürftig eingestuften Personen eine ordentliche Kündigung ausgeschlossen bzw. nur unter bestimmten Voraussetzungen zulässig: Schwerbehinderte, Auszubildende, Schwangere bzw. Personen in Erziehungsurlaub, Betriebsratsmitglieder, Abgeordnete sowie Wehr- und Zivildienstleistende. Eine ordentliche Kündigung kann gemäß Kündigungsschutzgesetz (§ 1 KSchG) bei folgenden Gründen durch den Arbeitgeber ausgesprochen werden:

- Betriebsbedingte Gründe (z. B. bei Rationalisierung, Umstellung oder Einschränkung der Produktion),
- Verhaltensbedingte Gründe (z. B. bei Fehlverhalten, Vertragsverletzung) und
- Personenbedingte Gründe (z. B. bei Krankheit, mangelnder Eignung, Nachlassen der Arbeitsfähigkeit).

Bei *betriebsbedingten* Kündigungen handelt es sich in der Regel um eine gruppenbezogene Form der Personalfreisetzung. *Verhaltens- und personenbedingte* Kündigungen werden hingegen einem einzelnen, konkreten Mitarbeiter ausgesprochen (einzelfallbezogene Personalfreisetzung).

5.1 Betriebsbedingte Kündigung

Ursachen für betriebsbedingte Kündigungen sind Veränderungen der betrieblichen Personalbedarfsstruktur. Als **betriebsbedingte Gründe** kommen Rationalisierungsmaßnahmen, Umstellung oder Einschränkung der Produktion oder Auftragseinbrüche in Betracht. Die Entlassung von Mitarbeitern sollte dabei stets eine „Ultima ratio" darstellen und erst dann in Betracht gezogen werden, wenn sozial weniger einschneidende Maßnahmen durch Änderung bestehender Arbeitsverhältnisse unmöglich, sinnlos oder unzumutbar sind. Im Vorfeld einer betriebsbedingten Kündigung sind daher alle innerbetrieblichen Maßnahmen in Betracht zu ziehen, um die personelle Überdeckung auf anderem Wege zu beseitigen. So ist eine Beendigungskündigung nach § 1 KSchG nur dann sozial gerechtfertigt, wenn dringende betriebliche Erfordernisse vorliegen, die eine Weiterbeschäftigung des Arbeitnehmers im gleichen Betrieb ausschließen. Das bedeutet, dass eine Weiterbeschäftigung weder an einem anderen freien Arbeitsplatz, noch unter geänderten Arbeitsbedingungen oder nach Umschulungs- bzw. Fortbildungsmaßnahmen möglich ist (vgl. Springer und Sagirli 2006, S. 26).

Nach § 1 des KSchG muss bei einer betriebsbedingten Kündigung eine **Sozialauswahl** stattfinden. Der mit dem Betriebsrat abzustimmende Kriterienkatalog orientiert sich primär am Grundsatz der sozialen Angemessenheit (§ 1 KSchG). Eine betriebsbedingte Kündigung ist nur dann gerechtfertigt, wenn unter vergleichbaren und in ihrer Funktion austauschbaren Arbeitnehmern dem sozial am wenigsten hart Betroffenen gekündigt wird. Der Arbeitgeber muss daher unter vergleichbaren Arbeitnehmern eine Interessenabwägung vornehmen, eine soziale Auswahl treffen und diese begründen. Die Auswahl der betroffenen Arbeitnehmer basiert i. d. R. auf einem Punktesystem (siehe hierzu die Darstellung bei Jung 2006, S. 335).

Bei Freisetzung einer größeren Zahl von Mitarbeitern (gruppenbezogene Personalfreisetzung) sind weiterführende Aktivitäten zur Freisetzungsabwicklung nötig. In einem ersten Schritt ist die Dauer des Personalüberhangs zu antizipieren. Besteht dieser nur vorübergehend, ist die Einführung von Kurzarbeit zu prüfen (§ 19 KSchG), ansonsten stellt sich die Frage nach einer Betriebsänderung (§ 111 BetrVG). Liegt eine Betriebsänderung vor, so können sich die Betriebspartner auf einen **Interessenausgleich** oder die Aufstellung eines **Sozialplans** verständigen. Als Betriebsänderung gelten z. B. Stilllegung, Verlegung und Zusammenschluss des gesamten Betriebs, grundlegende Änderungen der Betriebsorganisation, des Betriebszwecks oder der Betriebsanlagen sowie die Einführung grundlegend neuer Arbeitsmethoden. Auch ein bloßer Personalabbau ohne betriebliche Organisations- oder Strukturveränderung kann als Betriebsänderung angesehen werden (vgl. Scholz 2011, S. 497).

5.2   Verhaltensbedingte Kündigung

Verhaltensbedingt ist eine Kündigung, wenn sie im willentlichen Verhalten des einzelnen Mitarbeiters begründet liegt. Folgende Verhaltensweisen können zu einer verhaltensbedingten Kündigung führen (vgl. Jung 2006, S. 333):

- Pflichtverletzung im Leistungsbereich (z. B. Schlecht- oder Minderleistung)
- Pflichtverletzung im Vertrauensbereich (z. B. Fälschung, Diebstahl)
- Pflichtverletzung im betrieblichen Bereich (z. B. „Krankfeiern", Störung des Betriebsablaufs).

Grundsätzlich ist bei einer Pflichtverletzung im Leistungsbereich eine Kündigung nur nach einer vorherigen **Abmahnung** möglich. Eine Abmahnung, die sozusagen eine „gelbe Karte" darstellt, ist die Erklärung eines Arbeitgebers, dass er ein bestimmtes Verhalten des Arbeitnehmers missbilligt. Die Abmahnung sollte ereignisbezogen formuliert sein und zum Bestandteil der Personalakte werden. Der Arbeitgeber verbindet damit den Hinweis, dass im Wiederholungsfall Inhalt oder Bestand des Arbeitsverhältnisses gefährdet sind. Dieser Hinweis, d. h. die Androhung einer arbeitsrechtlichen Konsequenz, muss für den betroffenen Arbeitnehmer hinreichend bestimmt und deutlich erteilt werden (vgl. Scholz 2011, S. 499).

5.3   Personenbedingte Kündigung

Bei einer personenbedingten Kündigung liegt der Freisetzungsgrund in den **mangelnden Fähigkeiten** des Mitarbeiters zur Erbringung der geforderten Arbeitsleistung. Der Mitarbeiter ist dabei nicht selbst am Umstand der Sachlage schuldig. Im engeren Sinne ist hier der Umstand der Arbeitsunfähigkeit durch **Krankheit** zu verstehen. Krankheitsbedingte Kündigungen als Unterfall der personenbedingten

Kündigung (§ 1 KSchG) können bei häufigen Kurzerkrankungen oder lang andauernden Erkrankungen ausgesprochen werden. Die Berechtigung zur krankheitsbedingten Kündigung resultiert aus einer umfassenden Kette von Prüffragen, nämlich die

- ungünstige Zukunftsprognose, die besagt, dass auch in Zukunft mit erheblichen Fehlzeiten des Arbeitnehmers aufgrund des bisherigen Krankheitsverlaufs zu rechnen ist,
- Maßgeblichkeit, d. h. kommt es durch den Ausfall zu Störungen im Betriebsablauf,
- Fehlende Alternativbeschäftigungsmöglichkeiten, d. h. kann der Arbeitnehmer ggf. auf einer anderen Position im Unternehmen weiterbeschäftigt werden sowie
- Interessenabwägung, d. h. was ist dem Unternehmen und was ist dem Mitarbeiter zuzumuten (vgl. Scholz 2011, S. 494 f.).

Entlassungsgespräch und Austrittsinterview 6

Die Entlassung von Mitarbeitern gehört zu den schlimmsten Pflichten, die eine Führungskraft wahrnehmen muss. Entlassungen gehören zum Führungsgeschäft dazu. Die Frage ist allerdings, wie eine solche Aufgabe anzugehen ist. Das Einfachste ist, die Aufgabe dem Personalmanagement zu überlassen und sich zurückzuziehen oder sich hinter dem Sozialplan zu verstecken. Doch wer seine Führungsaufgabe ernst nimmt und dem Image des Unternehmens nicht schaden will, muss sich persönlich mit dem Betroffenen einlassen – so schwer es einem auch fällt, denn **Entlassungsgespräche** gehen unter die Haut (vgl. Doppler und Lauterburg 2005, S. 44 f.).

Werden sie aber fair, aufrichtig und ohne geliehene Autorität mit der Intension geführt, dass der Betroffene sein Gesicht nicht verliert, dann wird die für das Aktionsfeld *Personalfreisetzung* angestrebte **Erleichterung** nicht eine ironische Attitüde, sondern im beidseitigem Interesse die Zielsetzung eines seriösen Freistellungsprozesses (siehe dazu Abb. 6.1).

Kommt es im Unternehmen zu einer Personalfreisetzung, so sind auch vom Personalmanagement verschiedene Maßnahmen zu ergreifen. Neben der Erstellung eines **Arbeitszeugnisses** sollte der ausscheidende Mitarbeiter mit Hilfe eines **Austrittsinterviews** (engl. *Exit Interview*) zu charakteristischen Merkmalen des Unternehmens, zu Stärken und Schwächen in der Personalführung sowie zu seiner subjektiven Bewertung dieser Aspekte befragt werden. Kündigt der Mitarbeiter, so bietet ein Austrittsinterview zudem die Gelegenheit, Gründe für das geplante Ausscheiden zu erheben. Darüber hinaus dient ein Exit-Interview meist auch praktischen Angelegenheiten wie der Information des Arbeitnehmers über weitere Rechte und Pflichten oder der Rückgabe firmeneigener Gegenstände. Mit einem Austrittsinterview lassen sich verschiedene Problembereiche in einem

© Springer Fachmedien Wiesbaden GmbH 2017
D. Lippold, *Aspekte und Dimensionen der Personalfreisetzung,*
essentials, DOI 10.1007/978-3-658-16494-2_6

Fatale Führungsschwäche:
Noch immer nehmen viele Vorgesetzte ihre vornehmste Aufgabe nicht selbst wahr

von *Dirk Lippold*

Die verschiedenen mitarbeiterbezogenen Aufgaben einer Führungskraft sind hinlänglich bekannt. Sie reichen von Zielvereinbarungsgesprächen bis hin zur Konfliktsteuerung. Selbstverständlich gibt es im Katalog der Führungsaufgaben Dinge, die gerne wahrgenommen werden und welche, in die man überhaupt nicht mag. Nun sind Führungsaufgaben und deren zeitliche Abfolge aber beileibe kein Wunschkonzert, sondern in Zeiten kaum mehr überschaubarer Technologien und ständiger Veränderungen kommt das **Management von Konflikt- und Krisensituationen** immer häufiger auf die Tagesordnung des gemeinen Managers. Ein solches Konflikt- und Krisen-management erfordert hohe Belastungsfähigkeit, Sensibilität, soziale Kompetenz und eine hoch entwickelte Dialogfähigkeit. Leider alles „Zutaten", die dem klassischen Laufbahnmanager, der sich wahrscheinlich durch hohe fachliche Kompetenz als Führungspersonal empfohlen hat, allzu häufig fremd sind. Schlimmer noch: Wenn Vorgesetzte gezwungen sind, Entlassungen vorzunehmen, dann verkriechen sie sich hinter dem Schreibtisch und überlassen die „Drecksarbeit" der **Personalabteilung**.

In der Tat zählt die **Entlassung von Mitarbeitern** – aus welchem Grunde auch immer – zu den schlimmsten Aufgaben, die ein Personalverantwortlicher wahrnehmen muss. Doch: Entlassungen gehören zum Führungsgeschäft dazu – genauso wie Einstellungen. Die Frage ist allerdings, wie diese Aufgabe anzugehen ist. Wer seine Führungsfunktion ernst nimmt und sich und vor allem dem **Image des Unternehmens** nicht schaden will, muss sich persönlich mit den Betroffenen einlassen – so schwer es einem auch fällt, denn **Entlassungsgespräche gehen unter die Haut**. Im Rahmen von Entlassungen erleiden beide Seiten, also sowohl Arbeitnehmer als auch Arbeitgeber in aller Regel materielle und ideelle Schäden. So geht mit der Entlassung eines Mitarbeiters wertvolles Know-how verloren, welches bei einem Wiederanstieg des Personalbedarfs durch aufwendige Beschaffungs- und Entwicklungsmaßnahmen neu erworben werden muss. Auch kann ein unfair geführter Freistellungsprozess zu einer nicht unbeachtlichen Rufschädigung für den Arbeitgeber führen. Wie gesagt, allzu viele Vorgesetzte sind der Meinung, Entlassungen seien Aufgabe der Personalabteilung, die ja ohnehin „nicht gerade zum Geldverdienen beiträgt". Doch das ist ein Irrtum! Die Führungskraft – und niemand sonst – muss hier Flagge

zeigen und **Verantwortung** übernehmen. Es ist ihre vornehmste Aufgabe. Sie muss das Entlassungsgespräch fair, aufrichtig und ohne geliehene Autorität mit der Intensität führen, dass ihr Gegenüber das Gesicht nicht verliert. Nur dann kann sich – im Idealfall – eine Art „Erleichterung" ergeben, die keine ironische Attitüde, sondern im beidseitigem Interesse die Zielsetzung eines seriösen Freistellungsprozesses sein sollte. **Diese Führungsaufgabe ist nicht delegierbar!**

Doch auch das Personalmanagement muss bei einer Freistellung verschiedene Maßnahmen ergreifen. Neben der Erstellung eines Arbeitszeugnisses sollte der ausscheidende Mitarbeiter mit Hilfe eines **Austrittsinterviews** zu charakteristischen Merkmalen des Unternehmens, zu Stärken und Schwächen in der Personalführung sowie zu seiner subjektiven Bewertung dieser Aspekte befragt werden. Kündigt der Mitarbeiter selber, so bietet ein Austrittsinterview zudem die Gelegenheit, Gründe für das geplante Ausscheiden zu erheben. Darüber hinaus dient ein Exit-Interview meist auch praktischen Angelegenheiten wie der Information des Arbeitnehmers über weitere Rechte und Pflichten oder der Rückgabe firmeneigener Gegenstände. Mit einem Austrittsinterview lassen sich verschiedene Problembereiche in einem Unternehmen identifizieren. Die erhobenen Daten bilden somit eine wesentliche Grundlage für die Formulierung von **Personalentwicklungsmaßnahmen**.

Als Interviewer sollte ein unbeteiligter Dritter fungieren (z.B. ein Mitarbeiter des Personalbereichs), nicht der unmittelbare Vorgesetzte oder ein Mitglied der eigenen Abteilung oder Arbeitsgruppe. Austrittsinterviews werden in der betrieblichen Praxis bislang nur wenig angewendet. Eine Ursache hierfür könnte in der möglichen Informationsverfälschung durch den ausscheidenden Mitarbeiter liegen. So besteht bei einer Kündigung die Gefahr, dass der Mitarbeiter Merkmale des Unternehmens übertrieben negativ bewertet oder sich mit seinen Antworten an Vorgesetzten und Kollegen rächt. Kündigt der Mitarbeiter selbst, so könnte er versuchen, sich durch harmlose Antworten der langwierigen Frageprozedur zu entziehen.

Fazit: Das Entlassungsgespräch **muss** von der Führungskraft geführt werden, das Austrittsinterview sinnvollerweise vom Personalmanagement.

Abb. 6.1   „Fatale Führungsschwäche". (Quelle: LinkedIn Pulse Meinungen & Macher am 16.05.2016)

Unternehmen identifizieren. Die erhobenen Daten bilden somit eine wesentliche Grundlage für die Formulierung von Personalentwicklungsmaßnahmen.

Austrittsinterviews können schriftlich oder mündlich durchgeführt werden, es sind dabei freie oder strukturierte Formen der Interviewdurchführung denkbar. Als Interviewer sollte ein unbeteiligter Dritter fungieren (z. B. ein Mitarbeiter des Personalbereichs), nicht der unmittelbare Vorgesetzte oder ein Mitglied der eigenen Arbeitsgruppe. Austrittsinterviews finden in der betrieblichen Praxis bislang nur wenig Anwendung. Eine Ursache hierfür könnte in der möglichen Informationsverfälschung durch den ausscheidenden Mitarbeiter liegen. So besteht bei einer Kündigung die Gefahr, dass der Mitarbeiter Merkmale des Unternehmens übertrieben negativ bewertet oder sich mit seinen Antworten an Vorgesetzten und Kollegen rächt. Kündigt der Mitarbeiter selbst, so könnte er versuchen, sich durch harmlose Antworten der langwierigen Frageprozedur zu entziehen.

Diese Probleme lassen sich durch eine **Standardisierung der Interviews** reduzieren. So stellt ein einheitlich formulierter Interviewleitfaden sicher, dass alle relevanten Themen behandelt werden und nicht nur bestimmte Fragestellungen im Mittelpunkt des Gesprächs stehen. Die Standardisierung der Interviewfragen kann auch über sogenannte Imagekarten erfolgen. Der ausscheidende Mitarbeiter ordnet dabei Karten mit Imagefaktoren (gutes Betriebsklima, gute Sozialleistungen, gute Arbeitsplatzgestaltung etc.) verschiedenen Kategorien zu (z. B. im Unternehmen verwirklicht, im Unternehmen nicht verwirklicht). Im Anschluss wird die Einschätzung des Unternehmens mit dem Mitarbeiter besprochen. Eine weitere Möglichkeit, die Validität des Verfahrens zu erhöhen, besteht in der Durchführung des Interviews durch einen geschulten externen Berater.

Im Rahmen von Entlassungen erleiden sowohl Arbeitnehmer als auch Arbeitgeber i. d. R. materielle und ideelle Schäden (siehe auch Bartscher et al. 2012, S. 319):

- Das Arbeitsverhältnis ist für den Arbeitnehmer in aller Regel die Haupterwerbsquelle und sichert den Lebensstandard. Die Freisetzung bedeutet daher für den betroffenen Mitarbeiter Existenzsorgen und Ängste vor sozialem Abstieg.
- Neben dem internen Ansichtsverlust erleidet das Unternehmen auch in den Augen der Öffentlichkeit einen Imageverlust. Umfangreichere Personalfreisetzungen werden mit einer „Schieflage" des Unternehmens gleichgesetzt.
- Mit der Entlassung eines Mitarbeiters geht auch wertvolles Know-how verloren, welches bei einem Anstieg des Personalbedarfs durch aufwendige Beschaffungs- oder Entwicklungsmaßnahmen neu erworben werden muss.

- Abfindungszahlungen und die ggf. bestehende Pflicht zur Aufstellung eines Sozialplanes bedeuten nicht unerhebliche Folgekosten für das Unternehmen.
- Hinzu kommen – bei einer Verbesserung der Konjunktur – Kosten für die Wiederbeschaffung. In bestimmten Branchen (z. B. Unternehmensberatung) müssen für die reinen Kosten der Ersatzbeschaffung (engl. *Replacement*) eines neuen Mitarbeiters etwa die Höhe eines halben Jahresgehaltes angesetzt werden (vgl. Lippold 2010, S. 27).

Fazit Der möglichst weitgehende Verzicht auf betriebsbedingte Personalfreisetzungen liegt somit auch im Interesse des Unternehmens.

Optimierung der Erleichterung

Hier sollen die einzelnen Schritte des Aktionsfeldes *Personalfreisetzung* zusammengefasst und die wichtigsten Parameter, Prozesse, Instrumente und Werttreiber im Zusammenhang dargestellt werden.

7.1 Aktionsparameter

Erleichterung ist das angestrebte Optimierungskriterium des Aktionsfeldes *Personalfreisetzung*. Es sind im Wesentlichen zwei Aktionsparameter, die die Optimierung der Erleichterung bestimmen:

- **Personalflexibilisierung,** d. h. alle Möglichkeiten und Maßnahmen ausschöpfen, die dem Unternehmen zur Verfügung stehen, um letztlich eine Kündigung als „ultima ratio" zu vermeiden und das
- **Entlassungsgespräch** (falls eine Kündigung unumgänglich ist), das vom Vorgesetzten verantwortungsvoll und seriös zu führen ist.

Damit ergibt sich für die Optimierung der Erleichterung folgender, erweiterter Ansatz:

$$\text{Erleichterung} = f\,(Personalfreisetzung) = f\,(Personalflexibilisierung,\ Entlassungsgespräch) \rightarrow optimieren!$$

© Springer Fachmedien Wiesbaden GmbH 2017

D. Lippold, *Aspekte und Dimensionen der Personalfreisetzung,*
essentials, DOI 10.1007/978-3-658-16494-2_7

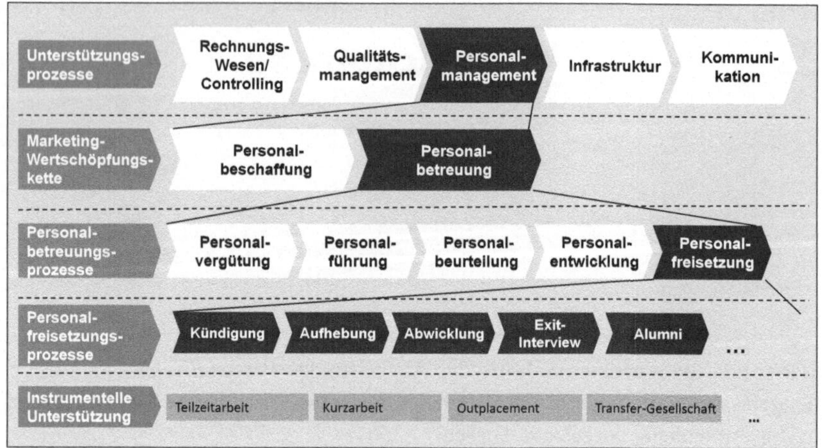

Abb. 7.1   Prozessmodell für das Aktionsfeld „Personalfreisetzung"

7.2   Prozesse und instrumentelle Unterstützung

In Abb. 7.1 ist beispielhaft ein Prozessmodell für das Aktionsfeld *Personalfreisetzung* dargestellt. Die konkrete Ausgestaltung des Prozessmodells ist allerdings von der wirtschaftliche Situation und anderen Einflussfaktoren abhängig.

7.3   Werttreiber

Die wichtigsten *Werttreiber* im Aktionsfeld *Personalfreisetzung* sind (vgl. DGFP 2004, S. 44):

- **Exitanalyse,** d. h. der Anteil analysierter Austrittsfälle im Verhältnis zu allen, um altersbedingtes Ausscheiden bereinigte Austrittsfälle. Es geht um die Frage, ob das Unternehmen Klarheit über die Ausscheidungsgründe besitzt.
- **Austrittsinterviewquote,** d. h. der Anteil der Entlassungsgespräche, die der Personalvorgesetzte geführt hat, im Verhältnis zu allen Entlassungsgesprächen. Hier geht es darum, dass das Unternehmen keinen Imageschaden bei einer Freisetzung davonträgt.

7.4 Zusammenfassung

In Abb. 7.2 sind die wichtigsten Punkte des Aktionsfeldes *Personalfreisetzung* (übergeordneter Aktionsbereich, Aktionsparameter, Instrumente, Werttreiber sowie Optimierungskriterium) zusammengefasst.

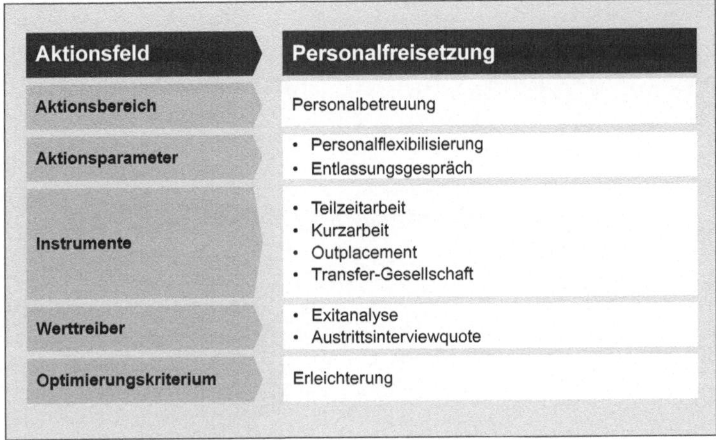

Abb. 7.2 Wesentliche Aspekte des Aktionsfeldes „Personalfreisetzung"

Literatur

Bartscher, T., Stöckl, J., & Träger, T. (2012). *Personalmanagement. Grundlagen Handlungsfelder, Praxis*. München: Pearson.

Bisani, F. (1995). *Personalwesen und Personalführung. Der State of the Art der betrieblichen Personalarbeit* (4. Aufl.). Wiesbaden: Gabler.

Doppler, K., & Lauterburg, C. (2005). *Change management Den Unternehmenswandel gestalten* (11. Aufl.). Frankfurt a. M.: Campus.

Hentze, J., & Graf, A. (2005). *Personalwirtschaftslehre 2* (7. Aufl.). Stuttgart: UTB.

Jung, H. (2006). *Personalwirtschaft* (7. Aufl.). München: Oldenbourg.

Kümmerle, K., Buttler, A., & Keller, M. (2006). *Betriebliche Zeitwertkonten. Einführung und Gestaltung in der Praxis*. Heidelberg: Rehm.

Lippold, D. (2010). Die Personalmarketing-Gleichung für Unternehmensberatungen. In Niedereichholz et al. (Hrsg.), Handbuch der Unternehmensberatung. Berlin: ESV.

Scholz, C. (2011). *Grundzüge des Personalmanagements*. München: Vahlen.

Springer, J., & Sagirli, A. (2006). Personalmanagement – Personalfreisetzung. http://www.iaw.rwth-aachen.de/download/lehre/vorlesungen/.

Stock-Homburg, R. (2013). *Personalmanagement: Theorien – Konzepte – Instrumente* (3. Aufl.). Wiesbaden: Gabler.

© Springer Fachmedien Wiesbaden GmbH 2017

D. Lippold, *Aspekte und Dimensionen der Personalfreisetzung*, essentials, DOI 10.1007/978-3-658-16494-2